I0013272

Introduction au Darknet

Darknet 101

Martin Hoffer

Edition : BoD - Books on Demand

12/14 rond-point des Champs Elysées

75008 Paris

Imprimé par BoD – Books on Demand, Norderstedt

ISBN : 978-2-3221-2224-0

Dépôt légal : 05-2018

Introduction

découlant du contrat, en responsabilités civiles (y compris la négligence) et en cas de violation d'une obligation légale.

Nous ne serons pas responsables envers vous de toute perte découlant d'un événement ou d'événements hors de notre contrôle raisonnable.

Nous ne serons pas responsable envers vous de toutes pertes d'argent, y compris, sans limitation de perte ou de dommages de profits, de revenus, d'utilisation, de production, d'économies prévues, d'affaires, de contrats, d'opportunités commerciales ou de bonne volonté.

Nous ne serons responsables d'aucune perte ou de corruption de données, de base de données ou de logiciel.

Nous ne serons responsables d'aucune perte spéciale, indirecte ou conséquente ou de dommages.

Exceptions

Rien dans cette clause de non-responsabilité doit : limiter ou exclure notre responsabilité pour la mort ou des blessures résultant de la négligence ; limiter ou exclure notre responsabilité pour fraude ou représentations frauduleuses ; limiter l'un de nos passifs d'une façon qui ne soit pas autorisée par la loi applicable ; ou d'exclure l'un de nos passifs, qui ne peuvent être exclus en vertu du droit applicable.

Dissociabilité

Si une section de cette cause de non-responsabilité est déclarée comme étant illégal ou inacceptable par un tribunal ou autre autorité compétente, les autres sections de cette clause demeureront en vigueur.

Si tout contenu illégal et / ou inapplicable serait licite ou exécutoire si une partie d'entre elles seraient supprimées, cette partie sera réputée à être supprimée et le reste de la section restera en vigueur.

Introduction

L'Internet, utilisé au quotidien par les utilisateurs personnels, ainsi que par des sociétés commerciales et organisations, comprend tous les sites et portails qui sont indexés par un navigateur web.

Ces sites et portails sont connectés les uns avec les autres via liens entrants et sortants. Ces pages sont explorées par des robots d'indexation à l'aide de liens qui mènent vers elles des liens qui mènent d'eux à d'autres sites web.

Ces pages devraient être statiques, installées sur les serveurs et avoir un code html visible. Tout changement sur le portail web ou n'importe quelle page en résulte à des nouveaux contenus téléchargés sur le serveur. De cette façon, l'ensemble du processus est visible et public. Une autre caractéristique d'Internet est la base de données DNS (Domain Name System) qui associe des noms d'hôtes avec leurs adresses IP.

Les bases de données DNS sont définis et utilisés pour activer la transparence, pour contrôler la circulation de l'information et de protéger les utilisateurs contre le spam ou certains contenus. De plus en plus le contrôle et le suivi des utilisateurs d'Internet en termes d'information et du contenu qu'ils publient et portails qu'ils visitent, a conduit au développement d'une version différente de l'Internet, où le degré d'anonymat est plus élevé.

Beaucoup d'utilisateurs sont conscients que tout ce qui est publié sur l'Internet reste visible en permanence dans une certaine forme. C'est pourquoi même l'utilisateur moyen vient à l'idée qu'au moins pour certaines des activités devraient utiliser le soi-disant dark Wcb (web sombre), ou Web profond. DARKNET est un réseau général qui peut être accessible uniquement par l'utilisation de certains logiciels, la configuration, ou avec l'autorisation, souvent en utilisant des protocoles de communication et de ports non standard.

Contrairement aux pages statiques à partir de la partie de l'Internet indexé (Internet visibles), les pages DARKNET sont dynamiques, avec le code html créé d'après les résultats des contenus extraits de leurs propres bases de données. Cette méthode de création de site web indépendant rend l'exploration du site impossible pour l'indexation des robots. Précisément, c'est une des raisons pour lesquelles ces pages restent non indexées par le navigateur Internet public.

D'un autre côté les sites web DARKNET contiennent un riche contenu de communication et la diffusion de propagande. Ces forums contiennent des fichiers textes statiques et dynamiques, des fichiers d'archives, et diverses formes de multimédia. La collecte de ces divers types de contenu présente de nombreux défis uniques pas rencontré avec la norme d'exploration de fichiers indexables. Sur le même sujet, un explorateur de forum de Dark Web doit également évaluer les mérites de différentes stratégies de mise à jour de la collection.

C'est pour cette raison que l'idée de haut degré d'anonymat dans la communication et le travail a été utilisé par des utilisateurs malveillants afin d'aborder les diverses activités illégales, de services de location de voitures, au trafic de drogue et d'armes, au trafic d'êtres humains.

Le papier est organisé comme suit. La deuxième partie présente le contexte théorique du web profond et sombre, différents moyens d'accès, ainsi que les similarités et les différences avec la partie visible de l'Internet. La troisième partie présente des exemples de l'utilisation des services DARKNET, du point de vue de l'utilisateur.

De plus, des exemples des différentes activités illégales qui peuvent être trouvées par une recherche DARKNET sont présentés. La quatrième partie examine les principales conclusions de cette étude. La dernière section donne une liste de références utilisées pour recueillir des informations sur la DARKNET et les activités illégales sur elle.

Chapitre 1

C'EST QUOI LA DARKNET

Dans la littérature et l'utilisation au quotidien, en se référant à la partie non-indexée de l'Internet deux termes sont étroitement liés : DARKNET est un terme qui englobe tout ce que Google et d'autres navigateurs Internet n'indexent pas, et ne peut donc pas être renvoyé comme résultat de recherche.

Ceux-ci peuvent être insignifiants, comme des commentaires sur les forums qui ne sont accessibles que par des utilisateurs inscrits, posts sur Facebook qui qui sont définis de manière à ce que seuls les amis peuvent voir, du contenu YouTube privé qui est accessible seulement par lien transmis. En outre, des articles spécialisés qui exigent des frais d'abonnement afin d'avoir accès, ainsi que de nombreux autres éléments similaires.

Dark Web est une certaine quantité de contenu sur le web profond utilisée pour la promotion ou la distribution d'activités illégales. Des sites web qui permettent de faire face à des activités illégales sont pour la plupart cachés derrière le domaine web oignon et peuvent être consultés à l'aide de moteurs de recherche.

Le DARKNET est presque totalement anonyme, et il est donc utilisé par des groupes qui veulent rester à l'abri des institutions gouvernementales et les organismes chargés de l'application de la loi. Pour mieux protéger les utilisateurs de ces systèmes, les transactions d'argent sont effectuées à l'aide d'une monnaie numérique spécialement créée appelée Bitcoin. La création et le chiffrement de la monnaie est pris en charge par l'organisation qui gère le paiement, le transfert des bitcoins et leur conversion en argent conventionnel.

L'une des façons d'accéder à DARKNET est le réseau Tor (The Onion Router), dont l'objectif principal est de servir de point d'accès à cette partie de l'Internet. Pour masquer l'adresse de l'utilisateur d'Internet, Tor redirige des signaux par près de 6 000 serveurs.

Afin de créer une connexion sécurisée et privée à l'intérieur du réseau Tor, l'application cliente crée de manière progressive un lien entre la source et destination des paquets de données, qui se compose d'une connexion cryptée entre les nœuds de serveur sélectionné au hasard.

Cette relation se produit par étapes, de sorte que le serveur individuel ne connaisse que les paquets de serveur reçus et le serveur vers lequel ils doivent être transférés. Ceci est réalisé en utilisant une clé spéciale pour le cryptage à chaque étape. Une fois la connexion établie, il est possible de transmettre différents types de données à l'aide de différents logiciels.

En plus de Tor-a qui est dans la plupart des cas utilisé pour partager des fichiers, I2P (Invisible Internet Project) couche de réseau est utilisé pour fournir une communication anonyme entre les applications. Cette couche supporte une variété de protocoles et d'applications. Chaque connexion établie entre deux utilisateurs est protégée à l'aide de chiffrement. La comparaison des fonctionnalités et la sécurité offerts par Tor et I2P a montré qu'I2P est plus résistant aux attaques par l'analyse des données de flux de trafic.

Freenet est une autre solution similaire qui est plus simple et plus pratique pour l'utilisation par les grandes masses. L'accès se fait depuis le navigateur, alors que dans l'arrière-plan l'application établit une connexion. L'utilisateur peut choisir le niveau de sécurité sur le réseau. Toute la communication et le partage de fichiers est par le P2P, et chaque fois qu'on établit la connexion, nouveau chemin est créé. Pour cette raison, chaque réouverture de pages prend plus de temps que dans le cas avec les autres technologies mentionnées ci-dessus et du secteur privé.

Le fait que la police indique que près de 300 000 Allemands utilisent une certaine forme d'accès au réseau DARKNET témoigne de la popularité de ce service. Les données montrent que, au niveau mondial, plus de trois millions d'utilisateurs accèdent au contenu du dark web. Si l'on compare la quantité de données stockées dans le dark web, c'est quarante fois plus grande que la partie visible de l'internet et est d'environ 750 téraoctets. L'ensemble du contenu est principalement stocké dans des bases de données spécifiques, comme la propriété des organisations et individus. Sur cette base, la partie visible du web est d'environ 4 %, tandis que les autres 96 % appartiennent au web profond.

Chapitre 2

EXEMPLES DE L'UTILISATION DES SERVICES DARKNET

Dans différents types de recherches, cinq catégories d'activités terroristes sur Internet sont identifiées. Ces catégories sont: propagande (diffusion de messages radicaux), recrutement et formation (pour encourager les personnes à rejoindre le Jihad ou d'autres organisations terroristes, formation en ligne), collecte de fonds (transfert de fonds, fraude par carte de crédit et autres activités de blanchiment d'argent) , les communications (pour fournir des instructions, des ressources et un soutien par courrier électronique, photographies numériques et sessions de clavardage) et le ciblage (pour effectuer une surveillance en ligne et identifier les vulnérabilités de cibles potentielles telles que les aéroports). Outre ces catégories, les services DARKNET sont utilisés pour de nombreux autres abus.

Certains des exemples recueillis auprès de différentes sources sont décrits dans les paragraphes suivants.

L'un des exemples de l'utilisation du dark web révélée par les entités antidrogues compétentes est un portail pour le trafic de drogues et d'autres produits illégaux appelé Silk Road. Son fondateur et propriétaire était Ross Ulbrich, programmeur de 29 ans, qui s'est présenté sous le pseudonyme de Dread Pirate Roberts. De nombreuses preuves ont été trouvées sur son ordinateur portable.

De 2011 à 2013, il a créé un empire d'une valeur de 1,2 milliard de dollars, seulement avec l'aide d'un ordinateur portable et d'Internet. Après seulement trois semaines de procès, le jury de douze a déclaré Ulbricht coupable sur les sept chefs d'accusation, dont un sur des accusations de blanchiment d'argent, de trafic de drogue et de piratage informatique. Il a été découvert lorsque la police a retrouvé son message de 2010 où, au moment de négligence, il renvoyait les parties intéressées à visiter Silk Road, a signé un autre nom ("altoid"), dans lequel il recherchait des professionnels dans la communauté bitcoin pour être les principaux développeurs, et a donné l'adresse pour la communication.

Ce site a été exploité comme tout autre portail pour les achats en ligne. Les marchandises commandées ont été livrées par des entreprises postales. Les entreprises postales ne vérifient pas le contenu de l'envoi afin de fournir de meilleurs services aux utilisateurs, ce qui rend cette méthode de livraison très pratique pour le commerce illégal. En même temps, les entreprises postales peuvent rencontrer des problèmes si les autorités compétentes établissent qu'elles sont souvent utilisées pour ces types de livraison.

L'impuissance des gens qui traitent de ce genre de crime est attestée par le fait que seulement un mois après l'arrestation d'Ulbrich et la fermeture du portail, le portail est redevenu actif sur le dark web, cette fois dans la version 2.0. Le site s'est rapidement développé et, d'après les données du FBI, il comptait en moyenne 150 000 visiteurs et un revenu mensuel d'environ 8 millions de dollars provenant de la vente de biens et de services. Après un an de travail, le site a été fermé, et l'administrateur Blake Benthall arrêté.

Cela n'a duré qu'une heure, après quoi le portail a été redémarré et a continué à fonctionner, cette fois dans la version 3.0. Ce fait démontre la force du dark web et la stabilité des portails sur elle. Jusqu'en 2012, la Route de la Soie possédait un site frère - L'Armory, spécialisé dans le commerce d'armes à feu, objets contondants et coupants pour blesser et tuer.

Le même site s'est déclenché en raison d'une mauvaise fréquentation après une période de temps. Les ventes d'armes et de munitions sont effectuées de manière similaire sur d'autres sites, dont certains garantissent la livraison dans le monde entier, sous la devise «Nous livrons globalement, car toutes personnes ont droit à se protéger».

Tout peut être trouvé, des pistolets aux explosifs C4. La livraison est faite dans des emballages spéciaux afin qu'ils puissent passer l'inspection aux rayons X, ou souvent emballés dans des jouets, divers autres instruments et appareils électriques.

Il y a un certain nombre d'exemples où les enfants ont été utilisés pour gagner de l'argent.

Au cours de l'année 2011, Europol, en coordination avec treize pays différents, a arrêté 184 personnes soupçonnées de maltraitance d'enfants et de diffusion de pornographie infantile sous forme d'images. Une campagne similaire a été menée au Royaume-Uni. Dans cette action, 650 personnes accusées de différentes formes de maltraitance, de la possession d'images de pornographie juvénile à des proxénétismes ont été arrêtées en 2015, 37 personnes ont été arrêtées en Irlande du Nord pour pédophilie et distribution de pornographie infantile en utilisant Tor.

Il existe des exemples montrant que DARKNET est l'endroit idéal pour le CyberCrime.

Les utilisateurs ici peuvent acheter une variété de logiciels malveillants. Dans le même temps, les visiteurs de sites Web peuvent être victimes de divers types de logiciels malveillants, distribués en utilisant l'hameçonnage. L'un de ces logiciels malveillants est le cheval de Troie vawtrak - banking distribué par e-mail (Sancho, 2015). Les malwares de CryptoLocker sont un autre groupe important de logiciels malveillants que l'on peut trouver sur DARKNET. Ces logiciels malveillants, après avoir accédé aux fichiers victimes, effectuent le chiffrement. Après le cryptage des fichiers, la victime est redirigée vers une page où il est demandé d'effectuer le paiement s'il veut reprendre le contrôle de ses données. Très souvent, la demande de paiement et les informations nécessaires pour compléter les transactions sont écrites dans la langue maternelle de la victime. Le rôle de Tor dans ces transactions est d'héberger des sites de paiement afin d'exécuter des transactions en utilisant des bitcoins.

En plus des logiciels malveillants, les parties intéressées peuvent utiliser DARKNET pour

recruter des pirates informatiques afin d'effectuer différents types d'attaques de pirates en leur nom. Selon la complexité et le risque de la tâche, les taux varient de quelques dizaines à plusieurs milliers de dollars. Ils offrent une variété de services, allant de la correction de l'évaluation dans les écoles au vol de codes d'accès pour différentes fonctions et données autoritaires sensibles. Le groupe chinois Hidden Lynx prétend avoir jusqu'à des centaines de cyber-voleurs professionnels, qui ont fait irruption dans les systèmes informatiques de Google, Adobe et Lockheed Martin.

Pour les personnes ayant des intentions plus sinistres et une volonté sérieuse de descendre dans le sombre monde du dark web, il existe aussi des services d'assassins professionnels. Un des exemples décrits, décrit une personne avec des principes d'affaires moraux et très flexibles, soi-disant mercenaire vérifié "avec huit ans d'expérience" qui offre des services qui sont exclusivement payés en avant en Bitcoin. Pendant le contact avec ces personnes, seules les informations sur la victime sont permises.

L'exigence est que toutes les communications, ainsi que tout contact par e-mail doivent être cryptés. Si une partie de la communication n'est pas cryptée, elle sera supprimée.

Un autre portail qui offre de tels services est connu sous le nom de Lovecraft. L'annonce indique que les membres de l'organisation sont des anciens soldats et mercenaires de la Légion étrangère. La devise de cette organisation est "Le meilleur endroit pour stocker votre problème est le tombeau." Ce portail accorde une grande attention à la protection et à la confidentialité des communications avec les clients.

Nom, domicile et adresse de travail, autant de photos et d'informations sur la personne qui vit, la plaque d'immatriculation, la description et l'image du véhicule utilisé sont des informations nécessaires sur la cible. Selon l'accord, une équipe d'assassins déclare se préparer pour un travail, les déplacements, la localisation et le suivi des objectifs nécessitent environ deux mois, et le coût d'achat des billets d'avion, des armes et de l'hébergement ne sont pas inclus dans le prix initial.

Un portail appelé C'thulu propose différentes méthodes d'assassinat, allant de la torture régulière et du viol jusqu'à l'attentat à la bombe. Les prix des services varient de 3 000 $ à 180 000 $ selon la catégorie choisie et le statut social de la victime. Les prix, bien sûr, diffèrent quant à savoir si cette personne à tuer appartenait à la foule, ou est une personnalité publique, un politicien, un membre de la police, etc.

Dans le DARKNET, de l'argent contrefait peut être acheté. En plus de l'argent, une garantie est presque toujours donnée, ainsi que la description du processus de création montrant que, comme le disent les vendeurs, la fausse monnaie est créée à l'instar de l'argent réel. Toutes les devises valant la peine d'être falsifiées sont disponibles, mais la qualité et la quantité varient. Dans ces types de transactions, il est fréquent que 600 dollars américains soient obtenus contre 2 500 contrefaçons, soit une contrefaçon de 500 euros 2

000. Toutes les transactions sont effectuées avec la promesse qu'ils peuvent subir des contrôles standards, y compris celui de la lumière ultraviolette. Dans de nombreux cas, bien sûr, payer pour la monnaie contrefaite utilise Bitcoin.

Des informations volées sur les différents comptes, numéros de cartes de crédit, numéros de comptes bancaires, enchères en ligne peuvent également être achetés. Atlantic Carding est un endroit dans un DARKNET où vous pouvez acheter des informations sur les cartes de crédit d'autres personnes, les adresses et les informations personnelles connexes. Les prix varient entre 5 et 80 dollars. La qualité de l'information dépend du prix. D'autre part, la vente des comptes se fait de deux façons.

La première méthode implique l'achat d'un compte unique, fourni des informations détaillées sur le montant des fonds contenus. Une autre manière implique l'achat de grandes quantités de comptes, dont un certain nombre est probablement valide. La première méthode est beaucoup plus rentable, parce que le client a un aperçu du montant des fonds dans le compte, offrant une meilleure garantie que les fonds investis seront récupérés, et l'argent supplémentaire gagné. En outre, il est possible d'acheter des cartes de débit et de crédit physiques de différentes banques.

Il y a plusieurs sites sur le DARKNET qui prétendent vendre des passeports et des documents d'identité. Le prix de ces services dépend du pays dans lequel les documents sont produits, ainsi que du vendeur. La validité de ces documents est difficile à vérifier, surtout en ce qui concerne la citoyenneté. Ces services peuvent également être créés pour la fraude pour les immigrants qui veulent la citoyenneté du pays dans lequel ils se trouvent à tout prix. Par exemple, le prix des passeports, permis de conduire et cartes d'identité pour l'Australie est de 800 euros sur le portail appelé Fake ID. Sur le même portail, le document le plus cher est pour les États-Unis et le moins cher pour la Malaisie.

En plus de ce qui précède, les choses les plus bizarres peuvent être trouvées sur le DARKNET, comme le trafic d'organes humains. Selon certains sites, le rein peut être acheté pour 200 000 $, le cœur pour 120 000, le foie pour 150 000, une paire d'yeux à 1 500 dollars américains. En outre, divers produits de beauté de la chair humaine et de la peau peuvent être achetés. En outre, il est possible de trouver une variété de sujets qui rencontrent les différents fétiches. Certains de ces contenus sont des images terrifiantes de la dernière conversation et des mots de passagers dans un avion qui s'écrase, des prisonniers le jour de l'exécution (par exemple, la chaise électrique en prison au Texas) ou des matériels pornographiques dans lesquels les femmes gazent de petits talons. Différentes offres dans lesquelles les gens s'offrent comme nourriture ou d'autres types de cannibalisme peuvent également être trouvées. Dans le dark web, il y a un portail bien connu appelé Red Room, l'endroit où la torture et le meurtre de personnes sont diffusés en direct.

Les terroristes partagent également des idéologies sur le Web qui fournissent des commentaires religieux pour légitimer leurs actions. Sur la base d'une étude de 172 membres participant au Jihad salafiste mondial, il est conclu qu'Internet a créé un lien concret entre les individus et une communauté religieuse virtuelle. Le web attrait aux personnes isolées en donnant du soulagement de la solitude grâce à des liens avec des personnes partageant certains points communs. Une telle communauté virtuelle offre un certain nombre d'avantages aux terroristes. Il ne lie plus aucune nation, favorisant une priorité de combat contre l'ennemi lointain (par exemple, les États-Unis) plutôt que l'ennemi proche.

Les forums de discussion sur Internet ont tendance à encourager des solutions extrêmes, abstraites mais simplistes, attirant ainsi la plupart des recrues potentielles du Jihad qui ne sont pas des érudits islamiques. L'anonymat des cybercafés protège également l'identité des terroristes. Cependant, Internet ne peut pas être en contact direct avec le Jihad, car la dévotion au Jihad doit être encouragée par une intense période d'interaction face à face (Chen, Chung, Qin, Reid, Sageman et Weimann, 2008). En outre, des études existantes sur l'utilisation des terroristes du Web utilisent principalement une approche manuelle pour analyser des données volumineuses. Une telle approche ne s'adapte pas à la croissance rapide du Web et au changement fréquent des identités terroristes sur le Web.

L'un des sites web terroristes Alneda.com identifié par le gouvernement des États-Unis s'est appelé le «Centre d'études et de recherches islamiques» et a fourni des informations à Al Qaeda (Thomas, 2003). Pour les membres du groupe, les terroristes utilisent le Web pour partager des histoires motivantes et des descriptions d'opérations. Pour les médias et les non-membres, ils fournissent des analyses et des commentaires sur les événements récents sur leurs sites Web. Par exemple, Azzam.com a exhorté les musulmans à se rendre au Pakistan et en Afghanistan pour combattre les «croisés américains soutenus par les Juifs». Un autre site Web, Qassam.net, a fait appel à des dons pour acheter des fusils AK-47.

Les portails Web sur DARKNET sont protégés de différentes manières. L'un des principaux moyens consiste à vérifier le comportement des visiteurs qui ne suivent pas le modèle standard. Si les administrateurs reconnaissent le comportement suspect des visiteurs, ils lancent un contrôle de base. La surveillance peut être identifiée si un visiteur ne peut voir qu'une ligne active dans le texte, mais aucune ligne précédente.

La prochaine étape consiste à mettre le soi-disant programme enregistreur de clé sur l'ordinateur des visiteurs, de manière à enregistrer tout ce que le visiteur frappe. De cette façon, le contrôle maximal sur toutes les activités des visiteurs est atteint jusqu'à ce que les administrateurs vérifient qui sont les visiteurs et quelles sont leurs intentions.

Chapitre 3

LA SURVEILLANCE DU DARKNET EST-ELLE LA MEILLEURE FAÇON DE RÉDUIRE LA CYBERCRIMINALITÉ?

La cybercriminalité commence et se termine avec des informations volées.

Selon ITProPortal, l'économie de la cybercriminalité pourrait être plus grande qu'Apple, Google et Facebook combinés. L'industrie a mûri dans un marché organisé qui est probablement plus rentable que le commerce de la drogue.

Les criminels utilisent des outils novateurs et des outils technologiques de pointe pour voler l'information de grandes et petites organisations, puis l'utilisent eux-mêmes ou, le plus souvent, le vendent à d'autres criminels par le biais du Dark Web.

Les petites et moyennes entreprises sont devenues la cible de la cybercriminalité et des violations de données parce qu'elles n'ont pas l'intérêt, le temps ou l'argent pour mettre en place des défenses pour se protéger contre une attaque. Beaucoup ont des milliers de comptes qui contiennent des renseignements personnels d'identification, des renseignements personnels ou des biens intelligents, notamment des brevets, des recherches et des biens électroniques non publiés. D'autres petites entreprises travaillent directement avec de plus grandes organisations et peuvent servir de portail d'entrée, tout comme la compagnie de CVC se trouvait dans la faille de données Target.

Certains des esprits les plus brillants ont développé des moyens créatifs pour empêcher le vol de renseignements précieux et privés. Ces programmes de sécurité de l'information sont, pour la plupart, de nature défensive. Ils ont essentiellement mis en place un mur de protection pour garder les logiciels malveillants et les informations à l'intérieur en toute sécurité.

Les hackers sophistiqués découvrent et utilisent les maillons les plus faibles de l'organisation pour lancer une attaque.

Malheureusement, même les meilleurs programmes défensifs ont des trous dans leur protection. Voici les défis auxquels chaque organisation fait face selon un rapport d'enquête Verizon Data Breach en 2013:

- 76% des intrusions réseau explorent des informations d'identification faibles ou volées
- 73% des utilisateurs des services bancaires en ligne réutilisent leurs mots de passe pour les sites Web non financiers

- 80% des violations impliquant des pirates informatiques ont utilisé des informations d'identification volées

Symantec en 2014 a estimé que 45 pour cent de toutes les attaques sont détectées par un anti-virus traditionnel, ce qui signifie que 55 pour cent des attaques ne sont pas détectées. Le résultat est qu'un logiciel anti-virus et les programmes de protection défensive ne peuvent pas suivre. Les mauvais gars pourraient déjà être à l'intérieur des murs de l'organisation.

Les petites et moyennes entreprises peuvent grandement souffrir d'une violation de données. Soixante pour cent ferment leurs portes dans l'année suivant une violation de données, selon la National Cyber Security Alliance 2013.

Que peut faire une organisation pour se protéger d'une violation de données?

Pendant de nombreuses années, j'ai préconisé la mise en œuvre de «meilleures pratiques» pour protéger les informations d'identification personnelle au sein de l'entreprise. Il existe des pratiques de base que chaque entreprise devrait mettre en œuvre pour répondre aux exigences des lois et règlements fédéraux, des États et de l'industrie. Je suis triste de dire que très peu de petites et moyennes entreprises respectent ces normes.

La deuxième étape est quelque chose de nouveau que la plupart des entreprises et leurs techniciens n'ont pas entendu parler ou mis en œuvre dans leurs programmes de protection. Cela implique de surveiller le DARKNET.

Le DARKNET détient le secret pour ralentir la cybercriminalité. Les cybercriminels échangent ouvertement des informations volées sur le Dark Web. Il contient une mine d'informations qui pourraient avoir un impact négatif sur les clients actuels et potentiels d'une entreprise. C'est là que les criminels vont acheter, vendre, échanger des données volées. Il est facile pour les fraudeurs d'accéder aux informations volées dont ils ont besoin pour s'infiltrer dans les affaires et mener des affaires infâmes. Une seule violation de données pourrait mettre une organisation en faillite.

Heureusement, il existe des organisations qui surveillent constamment le DARKNET pour des informations volées 24-7, 365 jours par an. Les criminels partagent ouvertement cette information par le biais de forums de discussion, de blogs, de sites Web, de tableaux d'affichage, de réseaux Pair-à-Pair et d'autres sites du marché noir. Ils identifient les données lorsqu'ils accèdent à des serveurs de commande et de contrôle criminels à partir de plusieurs zones géographiques auxquelles les adresses IP nationales ne peuvent pas accéder. La quantité d'informations compromises recueillies est incroyable. Par exemple:

Des millions d'identifiants compromis et les numéros de carte BIN sont récoltés chaque mois. Environ un million d'adresses IP compromises sont récoltées chaque jour. Ces informations peuvent rester sur le DARKNET pendant des semaines, des mois ou parfois des années avant d'être utilisées. Une organisation qui surveille les informations volées peut voir presque immédiatement quand leurs informations volées apparaissent. La prochaine étape consiste à prendre des mesures proactives pour nettoyer les informations volées et prévenir, ce qui pourrait devenir, une violation de données ou le vol d'identité d'entreprise. L'information, essentiellement, devient inutile pour le cybercriminel.

Qu'adviendrait-il de la cybercriminalité alors que la plupart des petites et moyennes entreprises prennent au sérieux cette surveillance du Dark Web?

L'effet sur le côté criminel du DARKNET pourrait être paralysant lorsque la majorité des entreprises mettent en œuvre ce programme et profitent de l'information. L'objectif est de rendre les informations volées inutiles aussi rapidement que possible.

Il n'y aura pas beaucoup d'impact sur la cybercriminalité jusqu'à ce que la majorité des petites et moyennes entreprises mettent en œuvre ce type d'actions offensives. Les cybercriminels comptent sur le fait que très peu d'entreprises prennent des mesures proactives, mais si, par miracle, les entreprises se réveillent et agissent, nous pourrions voir un impact majeur sur la cybercriminalité.

Le nettoyage des informations d'identification volées et des adresses IP n'est pas compliqué ou difficile une fois que vous savez que l'information a été volée. Ce sont les entreprises qui ne savent pas que leurs informations ont été compromises qui en subiront le plus grand coup.

Est-ce la meilleure façon de ralentir la cybercriminalité? Quelle est la meilleure façon vous pensez est pour protéger contre une violation de données ou une usurpation d'identité commerciale? Option 1: Attendez que cela se produise et réagissez, ou Option 2: Prenez des mesures offensives pour trouver des informations compromises sur le Dark Web et les effacer?

EST-IL SÛR DE VISITER LE DARKNET?

- Cela dépend du facteur auquel vous essayez d'accéder dans le monde pègre du DARKNET. Beaucoup de contenu légal et illégal sont disponibles sur les sites Web du DARKNET. Il est 100% sûr de surfer sur le contenu légal.

- Mais, si vous essayez d'accéder au contenu illégal ou d'essayer d'acheter ou de vendre des choses illégales comme des drogues, des armes, un service de tueur à gages, etc., vous vous ferez écraser.

- Si vous voulez être en sécurité sur le web, utilisez notre NordVPN le plus fort recommandé par notre com. Aussi, comparez l'autre VPN puissant (réseau privé virtuel) disponible sur internet.

COMMENT GRAND EST LE DARKNET?

- C'est inconcevable. Vous ne pouvez pas prédire la taille du web sombre.
- Presque toutes les informations sont cachées dans le web qui ne peuvent pas être indexées ou récupérées ou explorées par Googlebot ou tout autre moteur de recherche.
- Il y a un marché dans le web sombre / profond où vous pouvez acheter et vendre de la drogue, des armes à feu, des contenus pour adultes, etc.

- Il y a beaucoup plus de choses disponibles sur le DARKNET que sur le web normal.

- Si vous commencez à creuser l'Internet sur la surface, vous pourriez probablement obtenir seulement 4% de l'information.
- Mais il y a un plus profond dans le web appelé Deep / Dark web, où vous pouvez obtenir beaucoup plus de pages Web en réseau.

- Environ 96% des informations sont cachées dans le monde pègre de DARKNET.

- Cela inclut des choses légales et illégales.

AVANTAGES:

- L'anonymat (l'anonymat entraîne la liberté) est l'un des plus grands avantages des marchés Darknet. Personne ne doit connaître votre nom si vous voulez acheter un objet illégal.
- Par exemple, si les utilisateurs veulent acheter de la drogue sur ces marchés en ligne anonymes, ils trouveront probablement des produits moins chers que ceux vendus dans les rues. En outre, les vendeurs sont prêts à offrir une réduction si les clients achètent en vrac.
- Aucun contact physique avec les vendeurs est une autre raison importante pour laquelle les gens choisissent le DARKNET plutôt que d'acheter des produits dans la rue. Les utilisateurs n'ont pas à avoir peur que quelqu'un les verra ou ils seront arrêtés en achetant le produit.
- Vous pouvez acheter de nombreux produits qui ne sont pas disponibles dans votre pays. Certains articles vendus sur les marchés Darknet ne peuvent pas être

trouvés dans tous les pays. Pas facilement, les gens peuvent trouver presque tous les drogues qu'il y a, et c'est juste un clic.

- La commodité est une autre raison pour laquelle les gens ont tendance à commander des drogues et des armes auprès des fournisseurs de Darknet. Les utilisateurs n'ont pas besoin de chercher un revendeur ou conduire pour acheter le produit. Tout ce dont ils ont besoin peut être fait dans le confort de leur maison, et le produit arrivera à votre adresse de livraison en un rien de temps.

- La bonne chose à propos des marchés de Darknet est une communauté forte. Les utilisateurs peuvent partager leur expérience et donner des conseils sur certains fournisseurs

- Transférer n'importe quel montant sans taxe.

- Peut commencer des affaires avec Bitcoin.

- Vie privée

- Liberté d'expression

DÉSAVANTAGES:

Les personnes qui achètent des produits sur DARKNET doivent toujours garder à l'esprit qu'elles ne peuvent jamais être trop en sécurité et qu'elles peuvent avoir beaucoup de problèmes avec la loi. Pour l'achat de drogues, on peut être condamné à une amende et même finir en prison. Vous devez suivre toutes les directives concernant le navigateur Tor si vous voulez éviter d'être arrêté. Assurez-vous également d'utiliser le protocole VPN approprié. Néanmoins, si l'utilisateur veut acheter une arme pour commettre un acte terroriste, il peut se retrouver en prison à vie.

Les clients ne peuvent jamais être sûrs que les choses qu'ils commandent sont ce qu'ils obtiendront. Ce qu'ils peuvent faire, c'est commander des produits de vendeur de confiance. Stocker de l'argent dans des portefeuilles en ligne est un autre inconvénient d'acheter des produits sur les marchés DARKNET. Les utilisateurs doivent toujours conserver leurs bitcoins dans leurs portefeuilles personnels jusqu'à ce qu'ils soient prêts à acheter un objet.

La saisie des envois est toujours un facteur de risque si votre commande doit franchir une frontière internationale. En outre, le risque que vous ou votre fournisseur se fasse prendre augmente.

Il existe une forte possibilité que des problèmes occasionnels sur certains marchés DARKNET puissent survenir. Certains marchés peuvent être en panne pendant un mois.

Un autre inconvénient de l'achat de produits sur DARKNET, en particulier les drogues, est que vous ne pouvez jamais vérifier la qualité du produit. Une fois que le produit arrive, dans la plupart des cas, vous ne pouvez pas récupérer votre argent.

La seule chose que vous pouvez faire est de laisser une critique négative pour le vendeur.

Contenu négatif - Un problème rencontré par les visiteurs de Deep Web, également connu sous le nom de Dark Web, est un contenu négatif. Les types de documents qui sont filtrés hors des moteurs de recherche normaux sont facilement disponibles; Beaucoup de pages sur DARKNET affichent des contenus illégaux liés à la drogue, à la violence, à l'information privée ou à la pornographie.

Conclusion

Si vous voulez acheter quelque chose sur le Dark Web, vous devriez toujours peser les conséquences possibles.

Même si ce n'est pas complètement sûr, et que les utilisateurs peuvent être punis s'ils sont pris, des millions de clients achètent encore des produits sur les places de marché de Darknet.

La raison en est l'anonymat et un large éventail d'articles disponibles.

Si vous voulez être en sécurité lors de la navigation sur le Dark Web, vous devez toujours utiliser le protocole VPN approprié, et suivre toutes les recommandations que Tor recommande comme:

- N'utilisez pas votre navigateur en plein écran
- N'utilisez pas Skype ou tout autre programme pouvant causer votre
- Adresse IP à être exposée.

www.ingramcontent.com/pod-product-compliance
Lightning Source LLC
LaVergne TN
LVHW042259060326
832902LV00009B/1151